아직도 메아리로 오는 사랑이야기

박승언 시집

두손푸름시인선 54

아직도 메아리로 오는 사랑이야기

박승언 시집

도서출판 두손컴

아직도 메아리로 오는 사랑이야기
·
2013

책머리에

  먼 길 돌아와 광안대교가 보이는 동백섬 누리마루에서 에스프레소 커피를 마시고 있다.
  너무나 많은 것을 외우게 하던 어린 시절! 교육헌장, 교가, 교훈, 수많은 단어 숙어들. 우리글도 덜 익힌 가운데 한자와 영어를 시작하고 중1의 교학 시간에 반야심경을 외워야 했다.
  인생을 너무 빨리 익힌 탓일까, 혹은 설익은 걸까. 덤벙대고 허우적거리며 살지는 않았는지 자문자답해 본다.

  사랑하며 헤어지고 또 만나고, 사무치게 그리운 아픈 추억들이 아직도 메아리로 들려오고 있다.

  지천명의 나이에서 뒤돌아보니 실오라기만한 그 외길을 어쩌면 실타래 같이 엉킨 그 세상을 요행히도 잘 지나왔다고 자위해 본다. 속살을 내보이듯 부끄럽지만 살아오는 동안 틈틈이 써온 이 글모음이 내 인생 자체라고 생각하며 감히 세상에 내놓는다.
  나를 아는 모든 분들께 이 시집을 바친다.

2013년 봄

박 승 언

박승언 시집

차례

책머리에 · 5

제1부 고향의 강

원죄 − 13
유등축제 − 14
벚꽃 시절 − 15
고향의 강 − 16
연정 − 17
기일忌日 − 18
사나이 눈물 − 19
세상살이 − 20
봄비 − 21
짝사랑 − 22
천지연폭포 − 23
초연 − 24
쉼터 − 25
먼 후일 − 26
고백 − 27
이별처럼 − 28

아직도 메아리로 오는 사랑이야기

제2부 잎 지던 밤

가슴에 묻던 날 — 31
딸의 안경 — 32
희망 — 33
여름 전송 — 34
저승길 — 35
회상 이후 — 36
선창가 — 37
시인의 삶 — 38
병실에서 — 39
그리움 — 40
인생유전 — 41
사나이 꿈 — 42
열애 — 43
수양 — 44
달밤 — 45
잎 지던 밤 — 46

박승언 시집

제3부 첫 겨울

첫 겨울 – 49
무화과 – 50
순이 생각 – 51
반야심경 1 – 52
소꿉장난 – 53
낙서 – 54
이별여행 – 55
생명 – 56
미련 – 57
서라벌의 꿈 – 58
단석산에서 – 59
참새의 하루 – 60
아비 – 61
산길 – 62
자화상 – 63
인생 – 64

제 4 부   아직도 메아리로 오는 사랑이야기

발봉산 연달래 – 67
석별 – 68
핏줄 – 69
민들레 – 70
반야심경 2 – 71
태풍 이후 – 72
친구 – 73
군대 생활 – 74
오월의 비애 – 75
무궁화 – 76
반신욕 – 77
해저 심층주酒 – 78
기다림 – 79
누에치기 – 80
아직도 메아리로 오는 사랑이야기 – 81
화장장 – 82

박승언 시집

제5부 고독의 의미

공항의 이별 – 85
코스모스 1 – 86
코스모스 2 – 87
이른 봄 – 88
벚꽃 시절 – 89
영덕 남석동 – 90
장염 – 91
노스탤지어 – 92
독도 – 93
가을 오는 소리 – 94
석양 – 95
추억 소묘 – 96
이별 – 97
천연란蘭 – 98
고독의 의미 – 99
이별 이후 – 100
늦둥이 – 101

「해설」간결미와 신선미로 유화된 소박한 서정시편
시인 최창도 – 103

제1부

고향의 강

원죄

세속의 때를 차돌맹이로 정갈히 씻는다.

아무리 씻어도 지워지지 않는
마음의 때가 아직도 얼룩져 있다.

고해성사 하고 세례받은 묵은 때
아직도 세상에 용서받지 못한 때

세월을 불러다 참회로 덧씌우고
열탕에 녹이고 냉탕에 얼구어도
결코 지워지지 않는 때

무시로,
차돌맹이로 세속의 때를 벗긴다.

유등축제

삼포로 가는 길
낮달이 수줍은데
어둠을 기다리는 나른한 군중은
강나루 천막에서 허기를 달랜다.

소망리본이 강바람에 춤추고
각각의 유등이 남강에 불 밝히면
강 언덕 촉석루가 꽃비에 젖은 밤
도도히 흐르는 저 강물 따라
호국영령이 물보라를 가르며
용으로 솟구치면

초롱초롱한 별들과 마중하는 하류에서
유유히 흐르는 외로운 돛단배에
영혼을 강신하여 논개를 우러르는
꽃불로 타는 입신入神의 밤이 깊어간다.

벚꽃 시절

앙상한 가지에
봄의 전령도 없이
꽃샘추위 물리치며
일시에 눈꽃으로 만개하던 날

꽃물결 꽃보라 따라
열흘이면 지고 말
서러움에 벌써 눈이 아리다

오늘도
새록새록 돋는 밀어들 감추어두고
간절한 꽃길 따라 걸으며

밤 지나고 세찬 비바람에
홀연히 꽃잎 다 버리고
서러운 이별처럼 떠날
미래가 가슴 아리다

고향의 강
- 경주 남천

남천 개울가 구슬 다듬듯이
아름다운 글 모음 시작되고
진달래 연달래 얼룩배기 송아지
꿈속의 고향은 언제나 가슴 애잔한

계림숲 진달래 월정교 들국화
석굴암 수국화 불국사엔 연꽃이
영지못엔 갈잎이 안압지엔 창포가
통일전 홍백송 남산의 부처님 동산

유채화 봉선화 물들이고
다람쥐 꿀밤 서리 흥겨운 석빙고 지나
굽이진 강나루 호떼기 불면
어느덧 옥구슬 같은 시어들 무지개를 타는
남천 강변

연정

서녘 하늘에 해 지면
서둘러 별빛 내리던 백사장
가슴 아리던 숱한
밀어들 남긴 채
머언 뱃고동소리에
등댓불이 얼룩져 신음하면

인고의 세월 지나
안으로 삼킨 진한 사랑 하나
꽃으로 핀다

오늘도
물사위 푸른 봄으로 오는
갯바위에서
너의 얼굴을 읽다

기일忌日
– 어머니

삼월 초하루 봄비 오던 날
가슴을 모두 내려놓고 손사래치며
남겨진 뭇의 세상을 버리신 날

울다 지쳐 잠들고 다시 또 울고
사흘을 그러다가 단념한 채 길 떠난
길고도 먼 그리움은
뒷간 곳간에도 장독대 풀무에도
사래 긴 밭골에도
머문 언저리마다 서린 임 체취

해마다 삼월 초하루면
단정한 모습으로 절 받으시며
꼭두새벽
달무리 동무하며
북동쪽 머나먼 길 떠나시는
당신을 봅니다

사나이 눈물

태양을 피해

서편으로 떨어진

시월 그믐달 보며

온 가슴을 내려놓고

서럽게 서럽게 울었다

은하수 떨어진 별을 헤며

결코 속내를 털어놓지 못하고

새벽을 온통 그렇게 울었다

세상살이

꽃처럼 살다 가면 좋으련만
참으로 꽃처럼 살다 가면 좋으련만

시멘트 담장을 기어오르다
말라버린 담쟁이넝쿨
목젖이 늘어진 왜소한 신문팔이 소년
일그러진 얼굴로 긴 여름을 태운다.

윙윙거리는 빌딩의 실외기 소리
쉼없이 쏟아내는 전광판 광고
하루를 혹사당하는
신사는 손수건을 훔치며
체면을 대가로 한 끼의 보람을 채우는데
하루 그리고 힘든 또 하루를 살면
눈알은 세월의 나이테를 먹고 더욱 캄캄한데
배부른 자 종잣돈을 더 불려도
삶은 매한가지 더욱 큰 근심에 목이 메는데

꽃처럼 살다 가면 좋으련만
참으로 꽃처럼 살다 가면 좋으련만

봄비

산수유 피고 지고 동백이 멍울 터뜨리는
분주한 채비 사이로
노오란 옷을 입고 길가에 선 개나리들
목련과 벚꽃이 다투어 계절을 상징하며
꽃불로 타던 시절

두견새 소쩍새 소리
유곡을 건너 차례로 메아리로 오는데
마을 어귀의 배 복숭아 살구꽃 줄장미가
오늘도 빈집 담장을 지키는데

철없던 시절
우물가의 채송화 봉숭아처럼
수줍던 순이는
오늘 저 비 맞는 길가의 민들레로 환생하여
눈사위 붉게 부끄럼을 타는구나

짝사랑

차마 그 이름을
부르지도 못한 채
오작교 다리를
넘지 못했다

그리움으로 남은
아주 먼 얘기지만
청춘이라는 페이지에
깊이 새겨져 있다.

천지연폭포

홀로 오지 말 것을
휑한 가슴에
다시 또 외로운
저 잉크빛 눈물 보아라

결코 돌아오지 말 것을
여린 사랑에
또다시 더욱 그리운
핑크빛 추억 같은

담아두지 말 것을
잊힌 세월에
한없이 서러운
소라빛 같은 이별

쳐다보지 말 것을
맺힌 눈물 눈물로
더욱 가엽게 돌아선
너의 뒤태처럼

초연

양파껍질을 벗기고 벗기면
내내 양파껍질입니다

이를테면 겉을 감싸고 가을을 익힌
누우런 껍질은 세속입니다

신기로 본 그의 안은
변함없는 속살 그 자체입니다

주름져 가는 가엾은 모양새도
자세히 보면 중생입니다

양파껍질은 벗기고 또 벗겨도
내내 양파껍질입니다

쉼터

나 여기 있어요

콩밭 매고 소 멕이던
고랑 긴 메터 밭
고함소리 들리는
고개 너머 우리집

뒤안간에 피었던
접시꽃 맨드라미 석류 아래 박하향
아들깨 달린 뽕나무
늦서리에 익던 큰 단감나무
장독대에 풀멧돌 우물가 호박돌

다 내버려두고
우린 여기 있어요

* 쉼터 : 가족묘원을 말함.

먼 후일

바람은 문풍지 사이로
자유롭게 넘나들지만
애절한 마음은
담도 마음도 허물지 못해

온전히 바람으로 살아서
머나먼 그대 침실에
달무리 영롱한
치렁치렁한 별이 되어

가슴속 맺힌 연민
멈춰버린 피돌기로
그대 안의 환영으로
영원히 저물고 싶은 날

고백

어둠이 내려와
우윳빛 민낯이
서로를 비추면
긴 밤 추억이 되고

동틀 무렵
이슬진 뽕밭 길을
손사래로 헤치면
긴 아침잠에 든다

가슴 안에 간직한 너를 잊고자
사시장철
먼 산 바라보기로
세월 보내다

그렇게 가을이 오면
감나무 잎에 흙 글씨를
남기던 첫사랑은
아직도 여물지 못한 서러운 고백이다

이별처럼

꿀을 먹던 촉수는 더듬거리고
향을 찾던 다리는 더욱 어지러운데
모란꽃 목련화 유채꽃 민들레
풍광으로 어울린 실개천엔
사랑으로 물든 가슴속 단풍 하나
오늘도 유유한 그늘진 고요로 아득한데
순간 높은 곳 세찬 바람에 지워지고
눈물일 줄 알면서 사랑했던 순간들
지금도 가슴을 허문다

제 2 부

잎 지던 밤

가슴에 묻던 날

초점 잃은 눈망울 생각하면
      지금도 다리는 온통 부들거린다
입술은 울음을 못내 거두고
      마음은 격정에 휩쓸리는데
오월 햇살이 잔디를 메말리며
      한그루 솔은 병사처럼 우뚝 섰는데

어느덧 이별은 기적처럼 사라지고
      그리움으로 남은 모든 것들이
생명을 부지하는 그날까지
      잊지도 잊히지도 않는
고통과 슬픔과 허망 사이로
      낭떠러지에 함께 지는데

* 민주화운동으로 숨진 조카 박동주의 무덤 앞에서

딸의 안경

넌 이제 아홉 살
귀엽고 예쁜 천사

맑고 티없는 눈망울에
세속이 비쳤던가

다람쥐 뛰노는
고향 동산에 가라

고래떼 숨쉬는
동해바다로 가라

안경을 씌우고
가슴 메인 줄 알랴

아름답고 해맑은
넌 이제 아홉 살

희망

이 세상의 열과 빛
행복과 평화로 가득하겠네

호연의 인생사
먼저 마음으로 문 열면
온 누리 거룩한 사랑
믿음으로 세상 공유하면
이리도 열락으로 오는 기쁨

유월 염천이라도 극복할
세상 사는 의지 한결 같으면
서로들의 위안이 되겠네

여름 전송

처절한 땡볕의 여름-

중생들의 옷을 벗기고 간 백사장
이젠 세속의 때를 씻어 갔으랴
상처들만 눈시울 적시는데

고요히 잠든 대양 위 슬픈 연가 들리듯
창공엔 후조들의 피울음 소리

학은 외다리로 서 있어도 절름발이가 아니듯
우리 이젠 마음껏 날자

외로운 시인의 고독을 깨우는 거리마다
햇무리 더욱 현란한데
한 시절의 낭만들 모두 잊고

우리 모두 풍요로운 가을을 가자.

저승길

세상 버리고
이승을 하직하는데
손발 묶고
눈을 감긴다

세속의 미련은
삼일만을 고지한 채
삼베옷 입히고
발부터 매듭짓는 일곱 마디

한줌 재로 돌아갈
찰나의 시간이 지나고
소태 같은 노잣돈
염군이 갸출 부르며
불 들어간다
이승의 마지막 절규로
억울한 눈물 눈물의 호곡 소리
메아리로 지는 머나먼 황톳길

회상 이후

가슴으로 목메어 불렀던 그 이름
내 안에 새겨진 그 이름
주저할 수 없이
열병처럼 굳어버린 그리움의 날

파릇한 체향으로 청춘을 부르던
오랜 기억 속의
세월 지난 뜨거운 젊음이
귀밑머리 하얘지도록 먼 창가에서
온전히 사랑으로 남는데

휑하니 추억으로 돌아가 버린 지금도
가슴으로 불렀던 그 이름
내 안에 영원히 새겨진 그 이름
이리도 가슴앓이로 오는데

선창가

왼종일 갈매기 울다간 백사장
목멘 돛단배 홀로 유영을 하다
대양의 전율에 취해
만선을 꿈꾸던 목쉰 발동선 하나와 어울린다

나른한 여름날의 포구
팔베개 밀치고 돌아뉘인 아낙네
지아비 기리며 노랫가락이 먼저
멀리 수평선을 저어간다

시인의 삶

가난한 삶 속에
여리고
청아한
올곧은
자존심 하나

바람 부는대로
꽃이 피고 지는
자연의 정취를
정갈한 시어들로
독백처럼 담아내는 정서

뜨거운 피
엉긴 서러움도
서러운 심장으로 순화하며
하나의 섭리처럼 가꾸는
올곧은 마음의 뿌리 하나

병실에서

사이렌 소리 외면하며 일생동안
응급에 답답거나 죽음엔 늘 소침했다

갓길을 긴급히 달려 링거에 생명을 부지한
생과 사의 세상사
숨 멈추면 달아날 모든 영욕이 어지럽다
눈동자를 대면할 가족들 황망히 찾고
몹쓸 놈의 삶은 이내 판결을 내리고
가족에 고지된 병명 알지도 못한 채
한 생명 이승과 저승을 헤매는 사이

세월을 외면하지 않고
늦은 들벚꽃
연분홍 창포는 피고 지는데

가도 가도 머나먼 외길
절망의 순간에도 내일을 기약하는
처절한 삶이 아프다

그리움

하루해가 깊어도
      그렇고 그런 삶

가슴 속엔 늘
      어머님 생각

별 반짝이는 하늘가
      달 내려간 서쪽 하늘도

외롭고 긴
      그리움으로 생경한데

마흔둥이가 어느덧
      지천명이 되었어도

가슴속엔 늘
      어머님 생각

인생유전

차 한 잔을 마시고
뒤뜰을 산책하듯
가벼운 이야기가
너무 멀리 왔어요.

처음으로 돌아가
청순을 매만져도
조금씩 길들여진
인생사
이별 연습처럼
울다 지쳐 잠들면
잊기보다 새삼 괴로운 시절

오늘도 추억이란 곳간에
주렁주렁 엮어서
인연을 거울삼아
애써 먼 길 돌아갑니다.

사나이 꿈

정녕
대장부로 태어남은
후회 없는 인생일지니

지知와 덕德을 겸비하고
용맹스런 사나이로 거듭나
마음은 언제나 포부를 간직한 채
온유로 살면 복될 것이니
뜻한 바를 굽히지 말고

높은 이상을 꿈꾸며
오직 사나이의 여한을
수명이 다하는 날까지
간직할 일이다.

* 아들 출생을 축하하며 –

열애

갈대숲처럼 외로움
순식간에 밀려와도
혹여 그리움이 태산처럼
쌓인다 해도
그대를 기리는
소망 하나로
지치고 힘든 긴 하루
애써 삶의 의미를 달랜다.

지난 숱한 세월
기리는
소중한 순간들
못내 잊혀질까 안타까워
애련愛戀의 몸부림으로
언제나
내 마음 빗물이 되어
임의 창문을 두드린다.

수양

무상하다는 삶을
터득할수록 번뇌가 더욱 짙으니
어진사람 되기는
날로 어렵구나

빈 마음 스스로 달래며
공허함을 되새기며
고개를 떨구니
아직도 이승이로구나

달밤

노오란 조각달이 은하에 돛을 달고

이슥한 이 한밤을 뱃노래에 흥겹다가

수심에 잠긴 나를 애태우려 하노라

서편의 조각달은 내 마음 알아줄까

달빛에 젖은 이 밤 울려나 웃으려나

나 홀로 애태우면서 홀로 밤길 가노라

＊대구능인중학교 2학년 교내 백일장 당선작.('보리수'에 수록작)

잎 지던 밤

적요한 밤
시름의 눈물 더욱 깊어질 때
을씨년스런 가로등 몇 개
아직도 하루를 깜빡이는데

잎 진 가지엔 은하수들 무리
소망으로 밤새 기도하는 영혼처럼
목마를 태우고 있다

어느덧 여명을 지나면
더욱 생경한 얼굴 하나
이리도 가슴 설레게 하는데
구름 높은 산 하나처럼
그대에게 꿈으로 가는 내 마음
24시를 기울이다

제 3 부

첫 겨울

첫 겨울

겨울이 오네
바람결에 버티던 몇 잎 남은 잎새들
온몸이 피로에 젖고 있는 시각
이별은 항상 계절처럼 돌아왔다.

쥐불놀이에 익숙해진 무딘 시골떼기
도회 생활이 늘 성가셨지만
목마른 사랑처럼

애증의 겨울은 오네
앙상한 거리에 낙엽 쓸리듯
철 지난 사랑이야기와 함께
몇 잎 남은 낙엽들
사랑을 앓고 있는 입동

무화과

안으로만 숨어 숨어
엉겨 터져 빨간 꽃

구석진 추녀 아래
억세게 무딘 잎사귀 동무하며
더욱 비밀스레
남몰래 잉태하여 수줍게 익는 꽃

몰래몰래 자기를 감추며
갈색으로 익는 꽃

눈길 한번 마주치지 않는
모서리 담벼락의 무명초
소태같이 가문 날에도
폭죽 같은 장마에도

안으로 몰래 몰래
순정으로 익는 꽃

순이 생각

세월이 벌써 오십 수를 채우고
흘러간 청춘 더욱 서럽기만 한데

해그림자 이렇게 빨리 갈 줄이야
가재 잡아 매운탕 끓여 먹던
머-언 동산의 얘기
새삼 그리워지는데
우리밖에 몰랐던 우리 노래를
목놓아 부르던 설천 아가씨
순이야-

한 잎 또 한 잎 단풍은 세월처럼 서럽게 지는데
고향 강가에서 속삭이던 밀어들
이리도 가슴속에 못 잊을 응어리로 오는데

반야심경 1

공즉시색空卽是色이라
삶과 죽음이
더불어 하나인 걸
생명을 부지하는 한
향기롭고 싶다

생로병사가 다
자연의 섭리거늘
촌음으로 다가올
그 길은 결코
외면하고 싶은데

모든 것 비 온 뒤 무지개처럼
아름다운 형상으로
살다 사랑하다
잊고 또 잊혀지고
구름처럼 흩어지노니

색즉시공色卽是空이라
세상사 허무와 욕망은
한 자락 꿈처럼
스스로를 버리고
자연을 팽개치노니

소꿉장난

소싯적 순이와 놀던 담벼락 아래
청개구리 풀잎에 젖어 울면
설거지를 보채는 어린 아빠는
못내 하루해가 아쉬웠다

물랭이 처녀 달랭이 총각
북향 사배하며 백년가약을 맺던
수줍던 어린 꿈의 순정
모퉁이 토담길엔 넝쿨만 짙어가는데

옹기종기 살림에 모래밥 풀잎반찬
여보 당신 쑥스럽던 첫사랑 소꿉친구
읍내 장 간다며 집 나간 순이는
군에 간 오빠를 아직도 기다리고 있을까

낙서

망설이고 더욱 맘 졸이며
살얼음판처럼
찢긴 상처로 얼룩져
살아온 순간들

허공에 써내려간
부질없는 삶들이
움터오는 동면을
견디다 못해
마지막 한잔을 찍어 쓴
노예장부

봄 기지개 켜면
갚아줄 외상장부

이별여행

눈 감으면 떠오르는 남녘 외딴섬
태풍 매미에 할퀴어 폐허가 됐다네.

촛대바위 동굴섬 유람선 타고
몰래 몰래 추억을 묻어두고
아름다운 외도 쪽빛 바다너울
오월 하늘에 메아리친 노래들
파도에 지우고 굽이굽이 돌아서면
아직도 부질없는 사랑 하나
눈감으면 이리도 엉기는데

눈 감으면 다가오는 남녘 외딴섬
못 잊을 사랑 하나 기억하고 있을까

생명

주먹만한 심장 하나
팔딱거리며
온 세상 이기와 명예와
영욕의 질투 속에서
풀 포기 하나 말라 죽듯
자취도 없을
생명 하나 간수하지 못해
한없이 울었습니다.

이름 모를 새들과
지천의 돌과 바람
온갖 자연으로
남겨진 산하에서
또 다른 존재로 살아날
탄생과 소멸의 조화로움이
널브러진 산천에다
온갖 오욕을 팽개쳐 버렸습니다.

미련

깊게 길들여진 익숙함에
흠뻑 젖었다

고운 손 놓지 못하고
버둥대던 부질없는 삶들이

인연이란 시련 속에
멀어졌다 붙었다 다져진
이별 연습마저도

또 다른 미운 정에
흠뻑 젖어 길들여지고 있다.

서라벌의 꿈

반월성 개울가 곤충 채집하던
학동 시절의
서라벌 소풍은 소중했네
첨성대 안압지 삼릉 솔밭의 송아지
돌아가야 할 고향을 기린 세월 어언 반평생
광안대교 아래로 무영탑을 비춰보며
고향 하늘 우러러 천 년을 노래하네

남산준령 곳곳에 사바세계 열어놓고
대자대비 품은 석굴암자 동틀 때면
화랑 말굽 월정교 넘어 계림으로 치닫고
천마장수 형산강을 휘돌아 단석에 오르면
황룡사 구층탑
동자승 에밀레를 울리면
비구니 목탁소리 황촉불을 당기네

단석산에서

장작더미를 쌓아놓고 추수하고 남은
뀌재를 덮어씌워 불을 지피면
연기는 바람을 타고 한순간에 오른다

개쑥을 뜯어다 쌀가루에 범벅하여
곰배질하면 준령에서 겨울을 버텨온
연한 쑥떡은 화랑으로 되살아나고

정상 분지에서 한바탕 무예를 다투면
단칼에 베어진 바위 지천으로 나뒹굴고
유신의 함성이 말발굽 소리로 잦아드는데

옥수수 감자 구우며 모기떼 물리치고
멍석에 누워 별을 헤며 여름밤을 지새우면
참나무숯 둥치가 어느덧 까만 알몸의 이름이 된다.

참새의 하루

전깃줄에 앉았다
일곱 마리다
운이 없는 한 놈이
총 맞고 떨어졌다

곁을 지키며
슬퍼하는 놈이 없다
울부짖는 가족도
조문객도 아예 없다

빨랫줄에 앉았다
여섯 마리다
졸다 미끄러져
한 놈이 떨어졌다

배꼽을 잡고
웃는 놈이 없다
다가가서
위로하는 놈도 없다

서울역 지하도를
봇짐 메고 나왔다
밤이 되어 다시
거기로 갔다.

아비

살아생전 함께 한
그 오랜 날은
임의 소중함을
그리도 몰랐을까

청보리 피면
외양간 문설주에 매인
꼴망태 메고
쉰 기침으로나
오시지나 않을까

서당 글 익히고
올곧은 양반품위 본받으랴
덧없는 세월을
그리도 몰랐을까

도화어비稻花魚肥 노래하던
잊혀진 사랑방에
새깃단 두루막
마흔둥이 망부가를
소쩍새가 미리 불렀을까

산길

수년을 고이고이 지나친 그 산길을

부모를 떠나올 때 망아지 엄마 찾듯

언약을 굳게 다지며 출세하여 오리다

* 대구능인중학교 2학년 한글날 백일장 장원작.

자화상

— 박정희 대통령의 서거에 부쳐

내 작은 육체의 용광로 같은
　　　　정열의 빛을 보았나

나의 두 눈에 어린 야멸찬
　　　　환희의 얼을 보았나

나의 굳센 팔뚝 서리의
　　　　강건한 의지를 보았나

나의 인생관 앞에서
　　　　집념의 신앙을 보았나

나의 영정 앞에서
　　　　들국화 향기를 보았나

내 가실 걸음에
　　　　슬픔의 환호를 보았나

인생

행복은 인간의 나약함 속에
넘나드는 종이배입니다

파산되지도 침몰되지도 않는
어느 것이 행복인지도 모르는 채
또 다른 행복의 굴레를 찾아서
사라져 가는 모든 행로들
자연으로의 귀환을 망각한 채
생각하고 헤어지고 또 만나고

그리고 외롭고 허전한 모든 날
존재와 비존재 사이에서
숨바꼭질을 거듭하고 있습니다

제 4 부

아직도 메아리로 오는
사랑이야기

발봉산 연달래

소월의 고장 영변보다도
참나무골을 물들인 참꽃 행렬을
멍하니 바라보던 시절이 있었다

앞산 뒷산 발봉산에도
단석산 자락 절골 큰 고개에도
진달래가 온 산천을 붉게 물들일 때

한바탕 참꽃이 잔치를 치르고 나면
산수나무 골짜기 발봉산 치걸에도
못다한 사랑인 양 피는 연달래 군락들

아름다운 학동마을 꿈에도 그리워
내가 누울 자리에 연달래를 심던 날
미리 본 나의 영혼이듯이 아슬했네
언덕배기 양지바른 솔숲 아래
소담한 철쭉이 피듯

석별

밤을 새며 울었다
가슴으로만 울었다

먼동 트기 전
떠나야 한다

서리 낀 처마 끝에
밤 두 개를 묶어두고

먼 길 나설 추녀 끝에
별 두 개를 달아 뒀다

핏줄

아직도 봄이 오기 전
설 지난 겨울
말라 터진 황토벽 사이로
숨쉬는 작은 습기로
담쟁이 씨알이 빼곡히 움트고 있다

지붕 위로 던져진 여름 이불이
하루 종일 부고장을 외치던 날

이 세상 밖으로 밀쳐내는
바쁜 슬픔 뒤의 서러운 미소처럼
다섯 살 꼬마 녀석이 할아버지
영정 앞에서 재롱을 떤다

민들레

가시는 길섶에서
오래도록 울었다.

철없던 시절
해맑게 웃어대던
개울가에
얼음 타던 머시매
팽이 치던 가시내

한 시절 네온불에 취해서
돌아올 줄 모르던 시절 지나
겨우 찾아온 고향 땅
북망산천 바라보며

떠나는 길섶에서
긴 세월을 그렇게 서럽게 울었다.

반야심경 2

1 애초부터 삶과 죽음이 없고
   괴로움과 즐거움이 없고
   또한 사랑과 미움이 없으며
   시작과 끝이 함께 없음이다

2 생애는 깨달음도 잊음도 없고
   아름다움도 추함도 없고
   하여 얻은 것도 잃은 것도 없으며
   혼자도 여럿도 모두 없음이다

3 일상은 나의 것 남의 것 구별 없고
   느림과 빠름 헤아림 없고
   더불어 가감과 나눔의 의미가 없으며
   위와 아래도 애초 없음이다

4 오직 가까움도 먼 것도 생각 차이일 뿐
   별과 달이 뜨고 져도
   천상천하 유아독존이라
   맵고 짜고 달고 씀도 아예 없음이다

태풍 이후

보지 않아도 애초부터 아쉬움과 간절함이 없다면

그건 삶도 사랑도 아니다

태풍이 지나간 고요의 바다-

잔잔한 물사위가 다소 일렁인다 한들

마음을 털어내고 햇살같이 다가오는

그런 임이 아니라는 걸 안다

오늘 또 하루의 침묵은

순금이 된다

친구

먼 들판 어귀마다
또래를 지어 엉기어 자라는 쑥

삼라만상이 동시 다발로
파도에 밀렸다 씻기어 가듯
고향산천에 무리지어 핀 진달래

사랑이 영글다 간 자리엔
이별의 서러움 같은 자취

잠들다 순간
비집고 들어온
한 모금 담배 연기 같은 청량한 그리움

군대 생활

먼 산 복사꽃 피었다 떨어지고
몇 번이나 피고 져야
고향으로 간단다 제대한단다

스물셋 청춘은 세 살을 더해
어른스레 철들어
다시 또 유월 눈부시게 피어나
보문산 자락 싸락눈으로 덮이고
그 해의 긴 겨울은
봄을 불러다 호통을 치면
둥근달 구름에 마음을 싣고
어머님 만나 뵈러 가던
길고 긴 3년의 세월

그 눈물 나는 얘기는
남자들만 하는 흔한 축구이야기
군대는 시련이다 의지이다
먼 훗날의 소중한 덕목이다

오월의 비애

나물 캐는 아낙네 종일 흥얼거리고
종달새 울음 높이
산골짜기 당찬 물소리 청아한데
서너 달에 한번 받는 군사우편
호박전에 정구지 부침 좋아하던
막내둥이 생각에 통곡이 난다

맹호부대 용사로 월남 갔다가
전사 통보 받았던 몹쓸 놈의 봄
아들 기다리며 나물 뜯던 어미는
배달부 볼 때마다 편지 보채던 그곳
마을 언저리 잔디밭에서 숨을 거뒀다

해마다 거기엔 애처로운 할미꽃이 피었고
해마다 거기에 봄 오는 소리 먼저 들렸다

무궁화

피어라 온 산천에
민족의 이름으로

번져라 들판마다
조국의 부름으로

삼천리 강산
곳곳마다 붉게 물들이고

장렬한 백의의
그리움으로

한 많은 시련을
인내하며

조선의 숭고한 정기를
만방에 고하여라

반신욕

욕탕 뜯어내고 배추 절이던 물통
새벽 여섯 시 배꼽 아래 수중온천
거품 품은 해초의 잎새로 곤두섰다

지혈로 달궈진 내 육체 땀으로 여울져
백두에 솟아 용암처럼 흘러내리는
땀 빚는 표충비처럼
내 정신을 단련시키며

발 담그는 시련도 피 끓이는 미련도
삼팔선을 아래로 신음하는 새벽녘
동토의 북녘은 옅은 핏줄을 녹인다

해저 심층주酒

건배, 혀를 차며 첫 잔을
회 한 젓가락 집어들고
입이 얼얼하게 들이켰다

세상, 쥐락펴락의 돌림잔
세상사 마음먹기 아닌가
만사형통 거품을 쓸어안고
건방지게 시간을 마셔댔다

파아란 사각병 해저 심층주
혀끝 말아대는 호쾌한 주당
했던 말을 또다시 내뱉으며
세상꼴 씹어가며
취하도록 나를 마셨다

기다림

기다림은 마침내 추억이 되고

또 다른 설레임은

세월의 상처로 얼룩져

집념처럼 종점으로 치달을 때

바람만 스쳐간 벤치에

행여나 돌아앉은

그대 소식을 여미는 날

누에치기

개미보다 작은
미동의 여린 싹들
햇잎 내주고
떡잎으로 제 몸 가리우던

궂은 날도
가문 날도
애틋한 손길
재촉하는데

가지째 잘려
섶에 올려지고
깊은 불면의
밤이 뜨거워지고

하얀 밤들의 염원
잘려진 빈 뽕밭에
동그란 알을 품고
마침내 흰나비로 숨는 오정

아직도 메아리로 오는 사랑이야기

속절없는 세월에
긴긴 망각의 세월은
화석처럼 고요하기만 한데

어느덧 먼동 트는
그대 창밖에
초롱초롱 매달린 언약들
허물어진 꿈속으로 사라지면

꿈속인 듯 생시인 듯
허공 속의 자화상처럼
나란히 가는 우리들의 뒤꼍을 지켜주는
견우직녀의 언약처럼

화장장

이틀 전 예쁘게 감쌌다.

정성으로 몸 닦고 수의를 입히고
좋은 관속에 잠으로 모셨다

그리도 한 많은 세상사 마감해도
가시는 길은 격식이 많다
결국은 불길에 휩싸일 것을

이승의 마지막
무서운 불길에도 식사를 한다

불 들어간다 외치는 산 자들은
어차피 잊혀진 자를
과거사로 치부할 것이다

삼 일 후 세상은 아무런 변함이 없다.

제 5 부

고독의 의미

공항의 이별

활주로를 미끄러지듯 허공을 향해
이별은 순식간에 구름으로 흩어져
돌아오는 강변로엔 봄비가 내렸다.

미련을 떠나보내고
아직도 얼룩진 상처는
뜬구름으로 남아
서로를 편애한 시절의 여한처럼
비로 오는데

벚꽃 흐드러진 4월 초입
이정표 잃은 나룻배 하나
세월처럼
강을 거슬러 올라가고 있는 낙동강변
추억처럼 봄비는 내리는데

코스모스 1

일제히 하늘 향해
조막손 흔들며
하늘대는 미소
작고 귀여운 얼굴들
어깨동무로 함께 하며
어귀에 무리져
도란도란대는 날

달무리 이슥한 새벽녘이면
사뿐히 내려온
수많은 별들과
벌나비 되어
나풀나풀
눈물처럼 초롱대는 춤사위

코스모스 2

빚에 쫓겨 작은 이삿짐 실어놓고
벗이 권한 시린 소주 한잔에
아내에게 면목없는
회포의 눈물

참으로,

눈물 얼룩진 현란한 몸부림은
허기지고 서러운 마음 함께
어깨 들썩이며 춤추던
슬픈 배웅들

참으로,

손 꼈으며 얼굴 가린 슬픈 날에도
너울대는 활주로에 긴 행렬로
끝없이 이어지는 저-
아름다운 합창.

이른 봄

꽃신 신고 오너라

댕기머리 나풀나풀대며 오너라

감미로운 아지랭이 따라서

온 산천 데불고 함께 오너라

내 고향 남산에도

골마다 푸르름 물들게 하고

꽃소식 풀소식 전하며

언젠가 내가 울다 쓰러져

깊이 잠든 수수밭 고랑에도

온전하게 초록 소식 전하며

눈물나게 오너라

벚꽃 시절

하룻밤 새 현란한 눈꽃바람
봄빛을 서둘러 지펴온
꽃물결 꽃보라
화려한 온천천변

거센 비바람에 밤새
화사한 자태는 자취도 없이 사라져
온 마음 다 주었던 첫사랑
가는 손 저으며 미련없이
먼 길 떠나네

영덕 남석동

강구에서 시오리 바다에서 육지로
오십천을 휘돌아 은어떼를 좇는다

임금 밥상에 먼저 오른다는 녀석
오늘 울엄니 밥상에 오르거라
서둘러 새벽밥을 해주시던 영덕읍 남석동에
벼슬하던 형님과 함께 살던 추억은

어느 해 같은 날 발령받고 헤어졌던
절절히 보고 싶은 그리움인데
전하 안전에 목메던 오십천에 고하느니
오늘 어머님 제사상에
그립은 제 정성 살피며
은어떼여 부지런히 그리로 오너라

장염

밤새 상류에서 불어난 물줄기는
굽이치던 물줄기 곧고 깊게 다듬어
수중보를 휘돌아 하구언에 이른다

상주보 함안보 어디가 문제인가
배불뚝이 살 빠져 몸은 더욱 가벼운데
밀치고 채워져 굴착을 해야 하는데

무엇이 그리 문제던가 갑론을박의 4대강
흙탕물 요동치며 약도 듣지 않는데
재점검해야 할 것 같아 더욱 걱정인 밤

노스탤지어

언제나 고요로 기억처럼
명상으로 오는

새벽 닭 홰치는 울음소리
쇠죽 먹는 소 콧바람 소리
아궁이 닥채 터지는 소리
아비의 새벽 쉰기침 소리

꾀재불 장작 타는 마른 소리
디딜방아 쿵더쿵 놓으면
골목길 돌아가는 엿장수 가위 소리
암탉 수시로 날개 터는 소리

소몰이 워낭 소리
문간에 복슬강아지 재롱
참깨 터지는 소리 여물면
뒤란의 홍시 떨어지는 소리

길가 풀섶에 앉아
오가는 길손들 맞는
민들레 웃음소리 소리

독도

울자
하염없이 울자
가슴치며 통곡하자
울다 지쳐도 더욱 목놓아 울자

울다 잠들고
깨어나면 또 울고
사흘 밤 닷새라도
땅을 치며 울어보자

주소도 족보도 조선인데
어쩌다 왜놈이
자기 땅이라고 우기는가
통한의 이런 날을
꿈엔들 생각했으랴

외쳐 보리라
비 오고 바람 부는 날 동해를 향해
일본열도를 향해
무궁화 가득한 조국 금수강산의
반만년 역사를

가을 오는 소리

벚꽃 만발하던 봄날의
시샘은 여름을 잉태하고
매미 자잘거리던 노염에
버찌는 검게 익는데

비바람 쓸려간 감나무밭
녹색의 가시 담장에
어느덧 누런 탱자 알갱이
풀 메뚜기 사라진 잔디밭
귀뚜라미는 종일 울어 쌓는데

석양

잔 흔들어 넘치는 거품처럼
물결의 무늬로
오늘 하루를 어울린 언어들은 수줍다

우리가 볼 수 없는 뒷그림자처럼
저문 해 주변에서
고요로 밤이 오듯이
먼 데서 범선의 기적 소리 들리고
망향의 소리
갈매기 날갯짓으로 오는 광안 바다 부근
아직도 꼭짓점을 돌아오지 않는 유람선 하나

파도를 밀었다 당겼다 하며
바람처럼 서로 엉기어
먼– 바다로 그네를 뛴다
이 하루 눈부신 자유처럼
빈손으로 능선을 목마 탄 노을이
추억처럼 몸살을 앓는다

추억 소묘

솔바람 스쳐간 여인의 귀밑머리
뽀송한 목덜미 아련한 그대 체향
장유계곡 오르는 여름날의 절정

봄만 먹고,
산채 먹고,
운해를 거슬러 이슬 먹고 왔던가

숫기 없는 해맑은 미소로
사뿐히 올려놓는 입술 위의 그녀
참매미 소리도 깊이 유랑하는 한낮

지난 여름 이리도 절절한 그리움인데
지금도 눈 감으면 장유계곡의 풍광들
꿈이 되어 메아리로 온다

이별

사랑했던 그 사람
보내야 할 그 사랑
밤새우며 지웠다
별 하나를 헤면서

잊지 못할 그 사랑
결코 잊어야 할 그 사람
밤새도록
가슴에다 담았다
별 둘을 그리면서

천연란蘭

단애한 산기슭의 야생란
잎새에 맺힌
모진 밤 인내하며
진주로 커지면
주저없이 던지는
약속된 운명

희망의 동아줄을 잡으려
죽기 살기로
하늘벽 붙잡고
아슬아슬하게 버티고 있다

오늘도 구원을 외치며
밤새워 세상을 통곡하며
처절한 승부로
천지가 진동하는
산울림을 듣는다

고독의 의미

저문 해그림자처럼
외롭고 허전하면
허기진 마음에
고독을 안주 삼아
한잔의 술을 음미한다

눈시울 뜨겁고
가슴 벅차오르는 그리움에
내 안의 세월 헤아리며
천하를 무릎 꿇어
못다한 세월을 가득 채워
빈 술잔의 고독을 씹는다.

이별 이후

이젠 알 것 같아
그가 떠난 이후

사랑이 여물면
이별의 열매가
진주보다 더 고운
향기가 되는 것을

정녕,
그가 떠난 후
이리도 가슴 허무는 그리움인 줄
이제야 알겠네

늦둥이

이랑 긴 보리밭
애타게 울부짖던
불필의 마흔둥이
길섶에 뉘어진 채
소태같이 지겹던
젖줄 찾던 한 나절
지금도 가슴 저미는데

어매는 가시어도
더욱 간절한 그리움에
청보리 피고
두견새로 울 때면
지금도 장독대 축담 아래 잔디밭
할미꽃으로 환생하길
소원 빌며 기도하네

| 박승언 시집 해설 |

간결미와 신선미로 유화된 소박한 서정시편

시인 최 창 도

■ 박승언 시집 해설

간결미와 신선미로 유화된 소박한 서정시편
– 박승언 시 세계를 조명하며

시인 최 창 도

박승언 시인의 첫 시집 『아직도 메아리로 오는 사랑이야기』는 의미적으로 본다면 과거 회귀론의 중심에서 현재의 자기를 유추해 보는 탁월한 심미안이 표준이 되고 있다.

그의 시세계는 이상적인 삶이나 목표지향적인 선구안의 시적 높이와 과장된 묘사보다는, 인간 본연의 순수한 감정과 감성을 매개체로 한 소박하고도 순수한 서정시가 바탕이 되고 있다.

'시는 진리가 그 목적이 아니다. 시는 그 자체가 목적이다.'라는 보들레르의 말이나 '시는 의미할 것이 아니라 있어야 한다.'는 머클리쉬의 말이 우선 생각난다. 우선 중학교 때부터 교내 백일장에서 장원수상을 한 시인의 문학적인 역량과 과정, 그리고 재능과 소질이 시인으로서의 완성으로 가는 길잡이가 된 것만은 분명해 보인다.

대단한 초월주의의 수사나 묘사, 혹은 현실주의를 겨냥한 은유 없이 일부 과거를 중심으로 한 시의 이미지image를 복합적 상상력으로 환원시키는 시인의 탁월한 솜씨가 눈길을 끈다.
 우선 그의 시를 일별해 보면서 탐구적인 시인의 역량과 그의 안에 내재된 시적 높이를 가늠해 보자.

　　세속의 때를 차돌맹이로 정갈히 씻는다.

　　아무리 씻어도 지워지지 않는
　　마음의 때가 아직도 얼룩져 있다.

　　고해성사 하고 세례받은 묵은 때
　　아직도 세상에 용서받지 못한 때

　　세월을 불러다 참회로 덧씌우고
　　열탕에 녹이고 냉탕에 얼구어도
　　결코 지워지지 않는 때

　　무시로,
　　차돌맹이로 세속의 때를 벗긴다.
　　　　　　　――――「원죄」 전문

　한세상 살아가며 우리는 자기를 완성하며 되돌아보며 현재의 자기를 유추해보는 기회를 갖게 된다. 시간과 세월, 시대를 초월하며 운명처럼 마주치는 때와 시기, 장소는 곧 한 삶의 지고한 평가일 것이다.
　이 시는 교훈적 계몽시로 우선 모티브motive가 신선하다. 누구나 감히 할 수 있는 원인적 주지를 적절한 소재로 재련하는 솜씨가 우선 눈부시다. 표제어에서의「원죄」는 태생적인 원인의 원죄가 아닌, 살며 생활하며 자기를 운용하는 자기 성찰이 표준이 되고 있는 사실에 우선 주목할 필요가 있겠다.

  소멸하기 전의 사실적 의미를 꾸준히 세월을 반성해 가며 자기를 가꾸어 가는 인간 본성을 정의하는 그 자체를 원죄라고 시인은 보고 있는 것이다. 그렇다. 우리는 위대한 성인이 아닌 이상 이 세상을 함께 살아가며 더불어 공존할 수 있는 것은 늘 자기반성과 마음의 수련이 곧 자기 발전의 초석이 될 것임은 분명하다.

  그래도 결코 영원히 소멸되지 않을 원죄의 모범 답안은 늘 남을 배려하며 용서하며 낮추어 사는 삶일 것이다.

  일련의 시에서 언급한 '차돌맹이'를 우리들의 전통적인 단단하고 강인한 뿌리의 개념을 시어로 인용한 것이 돋보인다. 종결의미의 3연도 반복어 형식으로 각인 회자시키고 있다. 그리고 3연과 4연에서, 어쩔 수 없는 현실의 한계를 점층법 형식으로 절정의 의미를 더하고 있어 눈부시다.

     꽃처럼 살다 가면 좋으련만
     참으로 꽃처럼 살다 가면 좋으련만

     시멘트 담장을 기어오르다
     말라버린 담쟁이넝쿨
     목젖이 늘어진 왜소한 신문팔이 소년
     일그러진 얼굴로 긴 여름을 태운다.

     윙윙거리는 빌딩의 실외기 소리
     쉼없이 쏟아내는 전광판 광고
     하루를 혹사당하는
     신사는 손수건을 훔치며
     체면을 대가로 한 끼의 보람을 채우는데

하루 그리고 힘든 또 하루를 살면
눈알은 세월의 나이테를 먹고 더욱 캄캄한데
배부른 자 종잣돈을 더 불려도
삶은 매한가지 더욱 큰 근심에 목이 메는데

꽃처럼 살다 가면 좋으련만
참으로 꽃처럼 살다 가면 좋으련만
─────「세상살이」 전문

  누구나 한번은 생각하고 바라고 소망하는 우리의 미래를 직시하며 사는 일상을, 우리는 진정 시련과 고통 없는 행복을 되뇌며 산다. 이상과 현실 사이에서 우리가 늘 꿈꾸며 소원하는 유토피아utopia를 비교적 쉬운 직유와 비유법으로 각인시키고 있다.
  1연과 4연의 종결의미가 동어반복어 형식으로 귀결되고 있어, 시인의 소망과 같은 고뇌가 함께 유화되고 있는 점이 특징이다. 이 시는 생명을 가지는 생물과 무생물을 함께 도입함으로써 존재론의 일치로 하나의 공동 생명체로 인식시켜 놓고, 열거법 형식을 중심한 시너지synergy 효과를 기대하고 있는 시로, 회화적 요소와 의미적 요소가 복합된 현장성의 시로 독백체의 회화체가 주조를 이루고 있다.
  전연을 우리 모두가 공감할 수 있는 시어로 융화 배려한 것이 오히려 시적 의미를 상승시키는 요인이 되고 있다.

차마 그 이름을
부르지도 못한 채
오작교 다리를
넘지 못했다

그리움으로 남은
아주 먼 얘기지만
청춘이라는 페이지에
깊이 새겨져 있다.

──── 「짝사랑」 전문

 8행의 이 짧은 시의 콘텐츠contents는 이루지 못할, 한 사랑의 깊이를 간극하고 애절하게 표현하고 있다. 전반부의 '오작교 다리를 넘지 못했다'는 메타포metaphor적인 수사로 우리의 오랜 전설적인 견우 직녀의 사랑이야기를, 후반부는 의미적 요소로 시대감각을 초월하여 서로의 시어를 보완하는 탁월한 균형감각을 이루고 있다.
 사설과 군더더기가 없는 이 시는 환상fantasy적 이미지와 한국적인 정서가 물씬 풍기는 상징성의 내용을 가미하고 있어 일품이다.
 특히 우리가 주목해야 할 것은 전반부이다. 실제의 만남도 아닌 '차마 이름조차도 부르지 못해 / 오작교 다리를 넘지 못했다'는 것은 정신적이고도 순교자적인 거룩한 사랑의 실체를 암묵적으로 표현한 것으로 동양의 유가적인 풍습에 유래한 정靜적인 표현미로 옷깃마저 여미게 한다.
 그리고 마지막 2행은 공감각적인 이미지로 빼어난 절귀이다. 앞 연과의 연결고리와, 그리고 전연에 넘치는 절제된 시어들의 탄력적 표현미는 단연 압권이라 할 것이다.

  양파껍질을 벗기고 벗기면
  내내 양파껍질입니다

이를테면 겉을 감싸고 가을을 익힌

누우런 껍질은 세속입니다

신기로 본 그의 안은

변함없는 속살 그 자체입니다

주름져 가는 가엾은 모양새도

자세히 보면 중생입니다

양파껍질은 벗기고 또 벗겨도

내내 양파껍질입니다

———「초연」 전문

 5연 10행의 이 시는 주지적 시로 각운이 각기 독립된 결어로써 상징성을 가지는 시이다. 회화적 요소를 이미지image화 한 시로 감각적인 시어 구사가 신선한 비유로 시행마다 참신성을 더욱 돋보이게 하고 있다.
 모든 사물이 어떤 개연성probability을 가지면서 변화variation 하는 과정을 정감 넘치게 수사한 전연은 간결하면서도 절제가 빛난다.
 주지하다시피 대다수의 우리 인간들은 자신을 포장한 채, 위장과 변신으로 또 다른 자기를 변모시키며 일생을 산다. 자기만의 유아독존으로 피붙이와 살붙이들을 중심으로 한 삶을 목적의식으로 사는 현존의 이기주의적 삶을 사는 많은 사람들에게, 어떤 교훈과 또 다른 생의 가치관의 개념을 돌아보게 하는 시로, 누구나 한가지의 공통점으로 더불어 사는 삶의 철학도 명시적으로 거론한 시로, 주제를 이끌어가는 차분한 시어들이 안정감을 더욱 돋보이게 하고 있다.

 어쩌면 불가에서 흔히 말하는 깨달음과 해탈의 이치와 경지를 주정적으로 명시하고 있는 시로 평가할 만하다.

   넌 이제 아홉 살
   귀엽고 예쁜 천사

   맑고 티없는 눈망울에
   세속이 비쳤던가

   다람쥐 뛰노는
   고향 동산에 가라

   고래떼 숨쉬는
   동해바다로 가라

   안경을 씌우고
   가슴 메인 줄 알랴

   아름답고 해맑은
   넌 이제 아홉 살
      ———「딸의 안경」 전문

 동요적 의미가 전연을 지배하고 있는 직유법의 이 시는 우선 목가적인 시어들의 배경 역할을 하고 있어 우선 티없이 맑고 푸르다. 유미적인 간결한 문체에다 영상미적인 효과도 창출하고 있어 가히 눈부시다. 또한 일정한 외형률과 내재율까지 가미하고 있어 음악적 요소의 시로도 평가할 만하다. 우선 과장법 없이 이런 시를 소화할 수 있는 시인의 시적 역량을 높이 사고 싶다.

느낌feeling에서 오는 정서sentiment를 자유자재로 순화하는 솜씨가 범상치 않다. 표제어의 안경을 희망적인 견해로 딸의 자라나는 과정과 세상을 보는 폭넓은 눈과, 혜안의 깊이까지 헤아리는 아버지의 심정을 비교적 정감 넘치는 쉬운 시어로 전체를 이끌어가는 솜씨는 마치 수준높은 목가적인 시를 보듯 선연하다.

그리고 첫 연 '넌 이제 아홉 살 / 귀엽고 예쁜 천사'와 마지막 연 '아름답고 해맑은 / 넌 이제 아홉 살'은 도치법 형식으로 시의 리듬과 감각적인 이미지까지 구축하고 있어 이 시의 가치를 높이는 데 일조하고 있다.

> 망설이고 더욱 맘 졸이며
> 살얼음판처럼
> 찢긴 상처로 얼룩져
> 살아온 순간들
>
> 허공에 써내려간
> 부질없는 삶들이
> 움터오는 동면을
> 견디다 못해
> 마지막 한잔을 찍어 쓴
> 노예장부
>
> 봄 기지개 켜면
> 갚아줄 외상장부
>
> ──── 「낙서」 전문

주제가 준 시어들의 응집된 결집은 자못 눈부시다. 즉 소재들을 재련하는 솜씨가 빼어나다는 뜻이다. 늘 소시민적 생활로 가중된 업무와 힘든 생활로 하루하루 불안한 삶을 살아가는 민초들의 생활시를 풍자satire와 해학humor를 가미하여 유화한 시로, 각 연의 관계 설정이 자못 돋보이는 시이다.

의미적 요소로 환원되는 시작의 첫 연과 과정의 2연, 그리고 결론의 3연이 각각 제 역할과 구실을 함으로써 어쩌면 가벼운 풍자로 끝날 이 시를 서민적 주지시의 가편으로 승화시키는 원인으로 작용하는 데 일조한 것 같다.

노예장부와 외상장부로 동질성을 가지는 의미적 시어들이 우선 친근감을 더하는 요소로 작용하는 데다, 특히 2연의 마지막 2행 '마지막 한잔을 찍어 쓴 / 노예장부' 그리고 3연의 '봄 기지개 켜면 / 갚아줄 외상장부'는 민초들이 겪는 현 시대적 삶을 여과 없이 표징한 것 같아 자못 감동적이다. 풍자해학 시의 진수를 여과 없이 보여주는 가편이라 할 만하다.

　　전깃줄에 앉았다
　　일곱 마리다
　　운이 없는 한 놈이
　　총 맞고 떨어졌다

　　곁을 지키며
　　슬퍼하는 놈이 없다
　　울부짖는 가족도
　　조문객도 아예 없다

　　빨랫줄에 앉았다
　　여섯 마리다

졸다 미끄러져
한 놈이 떨어졌다

배꼽을 잡고
웃는 놈이 없다
다가가서
위로하는 놈도 없다

서울역 지하도를
봇짐 메고 나왔다
밤이 되어 다시
거기로 갔다.
─────「참새의 하루」 전문

 이 시는 참으로 쉬운 일상적인 시어를 구사하며 현대를 살아가는 우리들이 삶의 주소를 명시적으로 풍자한 독백 monologue체의 시로 평가된다.
 서로의 관계에서 더불어 사는 삶으로 회자되는 우리의 일생은 어쩌면 서로의 처절한 승부와 경쟁으로 이겨야만 자기 존립의 발판을 마련할 수 있는 비정의 세계로, 나 자신과 관계가 없으면 모든 것을 도외시하는 철저한 이기주의의 냉혹한 삶의 현실성을 여과 없이 보여주는 시이다.

 우리들의 현대를 사는 보편적인 일상과 혹은, 나 위주의 이기주의적 삶을 사는 우리들에게 어떤 각성을 일깨우는 간접화법의 시로, 생활을 모티브motive로 한 풍유법의 시이다.
 은유metaphor를 감추어두고 맨끝 연에 상징시symbolical poetry를 도입하며 결구 지은 점이 이 시의 묘미를 더하고 있다.

비교적 직유법으로 전연을 이끌면서 '새'를 사람으로 비유하는 의인법으로 관심을 환기시켜 놓고, 그리고 어떤 희망조차 가질 수 없이 늘 되풀이 되는 현 시대적 삶의 그늘을 암시적으로 명시한, 마지막 5연에서는 은유 metaphor로 마무리한 것은 일미이다.

밤을 새며 울었다
가슴으로만 울었다

먼동 트기 전
떠나야 한다

서리 낀 처마 끝에
밤 두 개를 묶어두고

먼 길 나설 추녀 끝에
별 두 개를 달아 뒀다

―――「석별」 전문

우리가 흔히 말하는 석별은 애통한 이별을 말한다. 많은 사람들의 가슴과 심성에 한이 맺힌 통한으로 오는 이별의 근원을 고통을 겪지 않은 자는 결코 모르리라.
어쩌면 시인은 어떤 기약을 한 사람과의 만남을 위하여 소중한 세월을 촌음을 아끼며 뼈를 깎는 아픔을 보냈으리라. 그리하여 오매불망 그리던 여한을 달래며 한해를 마무리하는 가을날 만남의 장소까지 갔으나, 결국 상봉하지 못하고 서로의 인연이 되지 못한 슬픔을 약조를 깨뜨린 자를, 혹은 세월을 원망하며 밤새도록 울다 먼동 트는 여명을 앞두고 떠날 채비를

하며 애통한 자기의 심정을 표식하며, 혹여 하나의 미련으로 다시 만날 약조를 위한 처절한 시로 마음을 달랬으리라.

3연의 '서리 낀 처마 끝에 / 밤 두 개를 묶어두고'의 밤 두 개란 의미적 요소는 약조를 지키지 못한 상대방에게 두 번의 가을날이 오면 다시 오겠다는 하나의 증표를 각인시킨 간접 대화체dialogue이다.

그리고 마지막 연 '먼 길 나설 추녀 끝에 / 별 두개를 달아 놨다'란 하나의 변함없는 희망적인 상징의 의미로, 너와 나로 대별된 만남의 희망적 견해로 후일을 도모하는 한국적인 정서가 물씬 풍겨나는, 우리가 흔히 낭만적 민요나 동요에서 유래되는 별 하나와 나 하나, 별 둘 너 둘과 일맥상통하는 간접화법으로 너와 나는 곧 하나다라는 상징성symbolism을 가지는 시로 참신한 이미지가 돋보이는 시로 평가할 만하다.

    보지 않아도 애초부터 아쉬움과 간절함이 없다면

    그건 삶도 사랑도 아니다

    태풍이 지나간 고요의 바다-

    잔잔한 물사위가 다소 일렁인다 한들

    마을을 털어내고 햇살같이 다가오는

    그런 임이 아니라는 걸 안다

    오늘 또 하루의 침묵은

    순금이 된다

           ——「태풍 이후」 전문

이 시를 단순히 표제어처럼 「태풍 이후」로 보면 안 된다. 이 시의 본질은 우리 인간의 인연과 관계를 설정하여 한 세상을 사는 각기 다른 삶을 추적 유추한 시로 교훈적인 주지시이다. 또한 인간의 본 태성과 삶을 사는 지혜와 대인관계 등을 적나라하게 표현한 시로 암시적 화법으로 묘사한 심미적인 시로 명징지을 수 있을 것이다.

우선 역동적dynamic 시를 유화하여 의인화personification 하려는 점이 돋보이는 시로, 전연이 주는 시어와 시행마다 일상을 주의 깊게 살아가는 간곡한 삶의 현장을 수사한 것이 특징이다.

그리고 3행의 '태풍이 지나간 고요의 바다', 4행의 '잔잔한 물사위가 다소 일렁인다 한들'은 극한의 상황 전개를 이분법 하며, 일련의 고통과 시련을 감수하며 인내하는 삶의 표준이 곧 침묵이요, 이 침묵이 곧 나의 생의 교훈이요, 인생방향의 지킴이란 점을 결연한 의지로 표징하고 있다.

부연하자면 결구의 '순금이 된다.'로 응집된 시행이 바로 그것이다.

유효적절한 시행 하나가 시의 적절하게 운용됨으로써 전체의 시의 품격을 상승시키는 효과도 함께 하고 있는 것이다.

    속절없는 세월에
    긴긴 망각의 세월은
    화석처럼 고요하기만 한데

    어느덧 먼동 트는
    그대 창밖에
    초롱초롱 매달린 언약들

허물어진 꿈속으로 사라지면

　　꿈속인 듯 생시인 듯
　　허공 속의 자화상처럼
　　나란히 가는 우리들의 뒤꼍을 지켜주는
　　견우직녀의 언약처럼
　　　　──「아직도 메아리로 오는 사랑이야기」 전문

　이 시의 모티브motive는 회상적 과거를 유추하는 회고시이지만 현재 진행형인 상상력imagination을 지니고 있다. 그리움과 기다림, 혹은 사랑의 사실적인 표현적 절제가 내재된 이 시는 과거로부터의 회귀보다는 처음의 인연이나 순정을 상징적으로 묘사한 낭만적인 시이다.
　어쩌면 일부 민요적인 우화적인 시행들이 현재의 시인의 심성을 더욱 맑고 그윽하게 지키고 있다고 보아진다.
　시행 중 '속절없는 언약처럼', '초롱초롱 매달린 언약들', '견우 직녀의 언약처럼' 등이 그것이다. 시인의 마음 안에 아직도 내재되어 있는 맑고 신선한 꿈 많은 젊은 날의 시간들이 긍정적인 삶 속에 자연들과 동화되어 연상 짓는 한 아름다운 추억의 극치미를 보는 것 같다. 각 연을 결구 짓지 않고 내재율을 살린 것은 현재에도 하나의 메아리로 늘 환원되는 그리움 그 자체를 시인은 현재진행형임을 의미적 요소로 남겨두고 싶은 깊은 마음의 배려일 것이다.

　박승언 시인의 시는 우선 젊다. 그리고 아직도 세속에 물들지 않은 맑고 소박하고도 진솔한 정신이 그를 지배하고 있음을 보여준다.

신선한 이미지image의 시들을 과장된 기법이나 묘사보다는 각 표제어가 주는 원인 그 자체, 즉 느낌feeling에서 오는 순수한 의미의 개연성으로 보는 감정과 감성이 우선 간결미를 더하고 있어 앞으로 문운형통의 길잡이가 될 것임은 분명해 보인다.

 자연과 인간, 그리고 사랑과 정서에서 오는 매개체를 중심으로 한 더욱 발전적인 시들을 기대해 본다.

두손푸름시인선54

아직도 메아리로 오는 사랑이야기

인쇄일 | 2013년 4월 20일
발행일 | 2013년 4월 25일
지은이 | 박승언
펴낸이 | 최장락
펴낸곳 | 도서출판 두손컴
주　　소 | 부산광역시 부산진구 부전로 35. 301호(부전동, 삼성빌딩)
전화 : (051)805-8002 팩스 : (051)805-8045
이메일 : doosoncomm@daum.net
출판등록 제329-1997-13호

ⓒ 박승언 KOREA
값 10,000원

ISBN 978-89-97083-60-2　　03810

＊저자와 협의에 의해 인지를 생략합니다.
＊잘못 만들어진 책은 바꾸어 드립니다.

「이 도서의 국립중앙도서관 출판시도서목록(CIP)은 서지정보유통지원시스템 홈페이지(http://seoji.nl.go.kr)와 국가자료공동목록시스템(http://www.nl.go.kr/kolisnet)에서 이용하실 수 있습니다.(CIP제어번호: CIP2013004149)」

두손푸름시인선

1. 최창도 _ 철든 이름찾기
2. 엄영섭 _ 장독마다 어머니 손길
3. 류준형 _ 들꽃의 마음
4. 최창도 _ 사랑 이후의 언어
5. 배갑철 _ 파종
6. 손순이 _ 은하수 이야기
7. 김다솔 _ 궁항리 바다
8. 이성호 _ 우리 모두 하나 될 수 있다면
9. 조숙임 _ 넘아, 넘아! 남의 집에 줄 넘아!
10. 김순자 _ 잎이 바람에게
11. 이희수 _ 순간이 머무는
12. 이종환 _ 봄이 오는 길목에서
13. 하일례 _ 처음의 원인
14. 안현도 _ 환상의 엄마
15. 김선례 _ 한세상 살기
16. 오정수 _ 현실과 허상 사이
17. 양한석 _ 푸른 꿈과의 동행
18. 송다인 _ 장미라는 이름으로
19. 박수정 _ 인연과의 동행
20. 방옥산 _ 사랑으로 오는 은혜
21. 덕향 _ 빈손
22. 권철 _ 창 밖을 보면서
23. 이종환 _ 흑장미
24. 변종환 _ 풀잎의 잠
25. 김다솔 _ 바다와 시인
26. 탁영완 _ 녹색광선
27. 주순보 _ 겨우살이가 말하다
28. 배갑철 _ 들(Plains)
29. 조성순 _ 작은 흔적을
30. 김선례 _ 인내와 용서
31. 윤인숙 _ 둥지(Nest)
32. 백영희 _ 바람의 씨앗
33. 김경숙 _ 먼 바다 가까운 산울림
34. 오정수 _ 은밀한 자유
35. 김선아 _ 비 내리는 바다
36. 조성순 _ 햇무리 필 때
37. 송다인 _ 가만히 너를 즐긴다
38. 윤혜진 _ 이슬촌
39. 최원철 _ 깍지 속 콩순이
40. 김태수 _ 삐딱한 세상 읽기
41. 김혜영 _ 바람의 언덕
42. 하일례 _ 나를 세우는 빈자리
43. 이정이 _ 은파의 날개
44. 최창도 _ 현대를 살아가는 눈
45. 홍종철 _ 나직한 대화
46. 양한석 _ 양지로 서는 자유
47. 손순이 _ 불로초가 여기에
48. 강정화 _ 청하 강강술래
49. 남경숙 _ 그대와 함께
50. 이종환 _ 벽촌의 산울림
51. 정숙조 _ 그리움이 더하여
52. 이희수 _ 마음을 물들이는
53. 정순남 _ 전공
54. 박승언 _ 아직도 메아리로 오는 사랑이야기

간결미와 신선미로 유화된 소박한 서정시편

　5연 10행의 이 시는 주지적 시로 각운이 각기 독립된 결어로써 상징성을 가지는 시이다. 회화적 요소를 이미지image화 한 시로 감각적인 시어 구사가 신선한 비유로 시행마다 참신성을 더욱 돋보이게 하고 있다.
　모든 사물이 어떤 개연성probability을 가지면서 변화variation 하는 과정을 정감 넘치게 수사한 전연은 간결하면서도 절제가 빛난다.
　주지하다시피 대다수의 우리 인간들은 자신을 포장한 채, 위장과 변신으로 또 다른 자기를 변모시키며 일생을 산다. 자기만의 유아독존으로 피붙이와 살붙이들을 중심으로 한 삶을 목적의식으로 사는 현존의 이기주의적 삶을 사는 많은 사람들에게, 어떤 교훈과 또 다른 생의 가치관의 개념을 돌아보게 하는 시로, 누구나 한가지의 공통점으로 더불어 사는 삶의 철학도 명시적으로 거론한 시로, 주제를 이끌어가는 차분한 시어들이 안정감을 더욱 돋보이게 하고 있다.
　어쩌면 불가에서 흔히 말하는 깨달음과 해탈의 이치와 경지를 주정적으로 명시하고 있는 시로 평가할 만하다.

— 최창도(시인) 해설 중에서

값 10,000원

ISBN 978-89-97083-60-2